Fidel Moreno

El hombre equivocado en el momento oportuno

PRE-TEXTOS, POESÍA

PRÓLOGO

Cuántas veces quise cambiar mi condición,
ser otro ser
menos confuso,
más amable,
que otra fuera mi inquietud.

No me molesta mi forma
ni el perfil pajarero de mi cara,
tampoco mis manos grandes
ni mis dedos estropeados por una descarga eléctrica.

Trapecista colgado en la rama
sin posibilidad de avance o de regreso,
sin ganas de caer,
yo salté a este mundo con el impulso de llegar a otra parte
que no fuera yo;
y aquí me tienen,
poco más que un balanceo.

Lo que sigue es mi vida como hombre,
pudo haber sido otra
y hoy continúa
aunque en ocasiones hablo de mí

como si hubiese muerto,
una manera de estar en otro lado sin moverse.

También hay amor, relaciones conyugales, padres e hijos,
atentados terroristas, pintadas, el cansino debate sobre
realidad y ficción, una actriz porno de reconocido
prestigio, amenazas imaginarias, viajes sin desplazamiento,
pantallas, sopa caliente, insomnio, hostelería, energía
fotovoltaica y algunos asuntos más hasta superar los
quinientos versos, extensión mínima exigida en premio
de poesía bien dotado.

Porque si hablamos de una vida como hombre
el dinero es importante,
más que la poesía.

La poesía también sirve
como la silla y la mesa sirven de escalera
y es verdad que a ratos y por accidente.

Podría decir: el hombre equivocado
en el momento oportuno.
O, más fácil, hombre de mediana edad
con las cosas propias de su tiempo.

INSTRUCCIONES

Cuando la marea llegue a lo más alto
espera el avance de la resaca
sin querer retener la ola.

Déjate llevar por la corriente
y escucha lo que un día te dijeron:
El capitán del barco es el mar.

Acaso la muerte no sea más que su miedo,
acaso la vida sea red tejida en el misterio
y ajena a la voluntad de la línea clara.

Déjate llevar y observa la catarata en tu cabeza
como lluvia que golpea el cristal de la claraboya
y no te moja.

Desde lejos el afán doliente de los humanos,
tu afán también siempre tan precipitado,
es un juego de fractales y luces
no siempre oscuras.

Mira cómo va retrocediendo la orilla
y siente la amplitud serena que gana la playa.

Despreocupado como un cadáver,
túmbate al sol y descansa.

Los caballos blancos siempre
llegan tarde a la carrera,
pero da gusto verlos.

Fui yo quien te pidió
que sacaras una carta:
«El azar nunca miente», me dijiste
mientras dejabas caer la copa.

Sabes, y te hace gracia,
que antes de ti fui camarero
y que tuve a mi cuidado
una terraza entera llena de mesas.
En cada mesa había cuatro sillas
y en cada silla al menos
una mujer como tú.
La rama de la hostelería no esconde secretos
para un hombre como yo
al que no le gustan los bares.

Tú tienes un lunar en el pecho junto al pezón,
como un satélite todo gira en ese punto,
y yo también,

como una polilla con sueños de astronauta
golpeando la luna de tu farola.

¿No oyes los golpes?

Puedes dejar el chicle pegado debajo de mi silla,
prometo que a tu vuelta seguirá en el mismo sitio.

Se ha ido la luz,
pero todavía es de día.

Las ambulancias llegaron poco después de la explosión
y los camilleros avanzaron entre los muertos
con la orden de atender sólo a lo que se moviese.

La llamada de alerta se produjo a la hora del relevo
y los que se iban no se fueron:
—Hubo suerte —me dijo el jefe de ambulancias—,
a cualquier otra hora habríamos sido la mitad;
no éramos muchos de todas formas
porque los heridos eran demasiados.

Montaron la tienda para los que necesitaban intervención
    inmediata.
Muchos entubados, los que respiraban con ayuda de
    máquinas
a un lado de los vagones,
se vieron de pronto abandonados:
la policía había descubierto otras mochilas con explosivos
y tuvieron que desalojar a todo el personal
hasta que desactivaran las bombas.

Cuando los médicos volvieron
las baterías de las máquinas se habían agotado
dejando sin respiración a docenas de heridos que ya estaban
   muertos.

Las bombas que no estallaron también se cobraron sus
   víctimas,
nadie las ha contado.
No sé si avergonzarme de mi curiosidad.

OFICIO

El espejo que te mira no eres tú.
Las palabras de tu boca salen al dictado de otro
que se te parece
en que tampoco es él cuando firma
tan seguro de sí.

El dinero es un ancla,
las monedas valen lo que valen
y en un mundo incierto
ofrecen la paz de su intercambio contable.

El oficio garantiza una destreza,
la posibilidad de volver a repetir
una proeza o levantar una pared
sin agujeros y bien enfoscada.

Tienes un trabajo
y te pagan bien por tus labores,
eso debería ser suficiente
y, sin embargo, el barro
entorpece el giro del torno
y encuentras placer en dejar caer
los jarrones al suelo.

Toda esta arena que he juntado
no hace una montaña.
Cada cual con su molino, me dices,
y harina fina a tu dios entrego.

Ven,
mientras nos despedimos
hay un tiempo donde vivir.

Quédate ahí
que ya me voy.

INDEPENDENCIA

En el futuro tendremos un pasado,
podremos decir nosotros para no ser ellos,
y entre las nieblas del día presente
descubriremos vínculos insospechados,
raíces profundas,
frondosos árboles genealógicos,
una denominación de origen controlada
y la triste simbología de los escudos y los sellos.

PLEGARIA

Dios de las sagradas fuentes primitivas,
busqué refugio en tu montaña
y acabé bajo el alero de un supermercado,
rodeado de carritos y envases de tetrabrik.

Supe de ti por todo lo que ya no eras,
te vi aplastado en la huella de un neumático,
atropellado por un cómodo tren de alta velocidad,
negado por la farmacopea moderna.

El caballo huye del piel roja y goza la sombra del establo,
¿cómo olvidar mis prótesis dentales,
el dolor de muelas o las gafas que me dejan leer
tus señales en el paisaje?

Tu música es el temblor del pájaro en el tendido de alta
     tensión.
Todos los ríos que me acercan te alejan.
Y cuanto más me alejo más cerca estás.

Dios de las sagradas fuentes primitivas
acaso no seas más que el sueño del futuro
y la melancolía del progreso,
acaso tu abandono no sea más que tu secreta sustancia.

Ya no me engañan mis pies descalzos pisando el barro,
ni la naturaleza de mi cuerpo desnudo:
aprendí que mirar hacia delante era mirar atrás
y que la luz eléctrica es un gran invento.

JUEVES

La rama se dobla
porque el amor pesa,
como un globo lleno de aceite.

Águila dichosa, murciélago tranquilo,
querías planear la inmensidad
y acabaste como un trapo en el tendedero del patio.

La baba del caracol hace camino
y un taxi te lleva donde quieras
si tienes para pagarle,
no necesariamente con dinero.

Construida la casa,
los habitantes quieren una piscina
en el jardín del vecino.

Hoy han llamado dos veces al timbre,
la primera para la lectura del contador del gas,
la segunda por error.
La factura del gas está domiciliada en el banco,
¿pero quién paga las equivocaciones de puerta?

La cuerda es más fuerte que la distracción
y sin embargo no aprieta demasiado.

Mañana te esperaré de nuevo
a que vuelvas del trabajo.
Pasado es sábado,
pero dicen que hará buen tiempo.
El domingo,
no hay por qué alegrarse,
iremos a comer donde siempre.

LA VERDAD MANCHA

Es todo ficción,
todo lo que yo puedo escribir es ficcion.

Rebobinemos:

La aparición del evento,
¿será posible mantener en suspenso la interpretación?
¿Será posible no adelantar acontecimientos,
esperar,
y cuando por fin aparezca,
cuando al fin pase algo,
registrar con pulcritud lo sucedido,
congelar en el aire la gacela en su salto?
¿Seremos capaces de no atropellarla?

Entonces el hecho pasa
y lo cuentas,
cuentas lo que ha pasado,
sin tramar nada,
al conteo escrupuloso de la sucesión de actos,
¿serás capaz de contarlo todo?
¿Será posible contarlo sin olvidar nada,
mostrar el accidente,
los faros deslumbrando los ojos del ciervo?

Bien, quizás la realidad
sea el fracaso narrativo más creíble
y una cuestión de grados lo importante,
la precisión con la que se refiere la muerte del gazapo.
¿O era un cuervo?
Una cosa o la otra.

Por eso la ficción más lograda parece real
y la realidad una ficción que necesita el respaldo de los
    hechos,
la fe en el observador
y un trazo ancho que disimule las arrugas.

La desnudez es la convención más profunda.

A solas frente al espejo
la adolescente fuma con una mano
mientras introduce un dedo húmedo
de su otra mano en la entrepierna.

¿Qué es aquí lo real?
El humo, la humedad…
La imaginación hace lo que falta,
que es casi todo.

Casi todo es ficción.

Hasta que alguien entre el público dispara
y la verdad de una bala
se abre paso y despeja tu mente por un segundo:
el segundo que tarda la sangre
en aparecer en tu camisa blanca.

No llores por la mancha,
el cuento se acabó.

A los resucitados nadie los abraza.
No es verdad que hagan de ellos reyes del espíritu,
nadie les reconoce la experiencia del más allá
porque los aparecidos siempre interrumpen algo:
su mundo no pertenece al reino de los días
y a sus noches no llega la línea discontinua de esta carretera.

En el árbol aquel las flores aquellas.

He extendido mi manta en el prado,
he puesto dos platos y he servido el vino.
Cuando llegues la sopa todavía estará caliente
y los dos nos reiremos.
Tú fingirás que yo estoy vivo
y yo sabré que no estás muerto.

En el árbol aquel las flores aquellas.

VIVE OCULTO

Cuando ya nos habíamos acostumbrado a no escuchar los
    discursos
llegó la gente con sus opiniones exigiendo atención,
y tuvimos que cavar más profunda la trinchera.

Dale una estatua a cada muerto
y un púlpito a cada opinión.
El mundo de las alturas es suyo
y no tiene sentido ponerse de puntillas.

Mejor déjame la calle en sombra,
el jardín umbrío,
el armario con olor a espliego
y el refugio subterráneo.

La senda de lo visible está llena de zombis.

«Vive oculto», recomendaba el filósofo que burló el dolor.
A ello me consagro:
soy un enterrador disfrazado de enfermero.

La moneda no entra en la ranura
pero sabe caer a plomo por la alcantarilla
y disfruta rodando fuera del bolsillo.

Nos vestimos con trajes a medida
pero sin ropa interior,
porque el agua prefiere el vaso al derrame.

Se trata de contener en parte el extravío,
de no llegar muy tarde,
de no alejarse para regresar
a una casa distinta.

Virgen de los propósitos,
los fieles me expulsaron de tu templo un día
por robar la cera de sus ofrendas.

Aquí guardo una foto tamaño carnet
que prueba la existencia del futuro.

Si la llave no abre la cerradura
llama al timbre.

El hilo que te sostiene
lo hace porque está roto.

Dios gobierna porque está muerto
y tú sobrevives en tus actos.

Nada hay en lo nuevo
que no haya sido soñado antes.

La siesta columpia tus esperanzas
sobre el acantilado de mármol.
He visto la fotografía aérea del lugar
brillando entre montañas.

Sabes que el amor también refulge
si lo miras desde lejos.
De cerca lo doméstico tiene su encanto
de almohadas y sopa caliente.

Quizás no haya más que eso
a la espera de un imprevisto.

Preguntas al universo
y el universo te responde.

Como el que huele a comida
y repara en el hambre,
el supersticioso cae en su trampa
sonriendo por la presa cobrada.

Las baldosas impares no son
las que pisan tus pies confiados.
Los hechos se suceden,
aquello que te ocurre
no suena como la música de las esferas,
pero está más cerca y te habla a ti.

Uno siempre puede elegir ser un marciano
en un planeta equivocado,
que la gravedad seguirá siendo ley de estricto cumplimiento.
Mira cómo cae al suelo
el sonajero de tu hija.

Puedes hacer que tu casa sea un barco
y echar sal en el agua de la bañera.

Sueña si quieres una isla al mediodía,
a mí me sobra con dormir la siesta.

GOBERNANZA

Los últimos días de la travesía del Santa Elena fueron
    interminables.
Las horas avanzaban por el arenal
y el mar parecía detenido.

Yo había descubierto la biblioteca del capitán,
pero el hastío también atacó mi ánimo
y dejé de robar libros a escondidas.

No quedaba tabaco ni ron
y entreteníamos el hambre
masticando las cuerdas de cáñamo.

El primero en enfermar fue mi compañero de litera.
Un día más tarde fue el segundo en morir.
El primero fue el capitán, pero no dije nada.

Cuando arribamos a puerto
el gobernador de la isla prohibió el desembarco
y puso al galeón en cuarentena.

Trajeron víveres y pedí para el capitán carne de gallina,
verduras y fruta fresca, ron y láudano.

Con el estómago lleno y el espíritu en calma
esperé que pasaran dos días, cargué en un bote el tesoro
y me fui discreto entre las sombras de la noche.

Cuando el Santa Elena terminó de hundirse
yo dormía entre sábanas limpias,
tras un baño de agua caliente
y el amor pagado de la hija del dueño de la fonda.

Desde entonces,
mi riqueza no me ha hecho descuidar
la amenaza de los subordinados
ni anhelar su reconocimiento.
Mis decisiones siempre van firmadas por otro,
para otros el odio y la devoción.

Duermo muy tranquilo:
los fantasmas que me persiguen no me quitan el sueño.
Podría ser uno de ellos,
mi vida podría haber terminado en el Santa Elena,
si no hubiese entendido a tiempo
la naturaleza traicionera del poder
y su baile de máscaras.

Todos los plazos han vencido,
mi derrota es trofeo para cualquiera menos para mí,
una multitud murmura poniendo un precio ridículo a mi
cabeza.

Mi vida vale poco;
quizás eso me salve.

Tú administras con celo tus secretos
y escondes a tu espalda la sombra
que te lleva los días claros.

La ilusión del que corona la cumbre
es pensar que la montaña ya no está,
¿cuántas veces señalaste allí
para pensar que eras otra?

Correr para escapar es llevar la trampa contigo.
A la voz de ahora
del orden sólo queda la apariencia,
pero desde los altares de tu iglesia
claman siempre por la salvación de Dios,
historias de emprendimiento y salvación personal con final
    feliz.

Hay una legión de profetas del timo
prometiendo manteles blancos
y manos siempre limpias,
pero el engaño acaba por descubrirse
como los secretos dejan de serlo
cuando las secretarias cambian de jefe.

Seguir la tarde hasta llegar
a una casa que no es la tuya.

Puedes quedarte sentada
en la esquina de la cama
donde me tumbo
y buscar con tu hija un perro
con el que dibujar un triángulo.

La suerte de los errantes es imaginar
el camino en cada tramo,
pero esa es también su cruz,
el escarpado sendero
en un mundo de cómodas carreteras.

Yo no sé si merece la pena escucharme,
si no me equivoco al decir
que es más fácil perder el nombre
cuando sólo se tiene uno
y que fumar bajo la lluvia es hermoso,
pero no lo es tanto si se te mojan los pies.

LA AMENAZA

El hombre está amenazado por mil peligros imaginarios,
su corazón tiembla ante un ruido inesperado:
una puerta que se abre, un coche que pasa, un perro que
    ladra,
una voz que pronuncia su nombre.

El hombre amenazado entra en la cocina
y todos los cuchillos lo están mirando.
El hombre amenazado a veces llora en secreto
y se imagina su entierro como una procesión
de muertos que hablan de fútbol;
también, eso lo consuela, se imagina a su mujer llena de
    lágrimas,
maldiciéndose por no haber oído
las llamadas de socorro de su hombre.

El hombre amenazado vive con vergüenza su debilidad
y camina recto por la calle.

Una mañana pensó que ser padre lo ayudaría,
que tener un hijo y ponerle un nombre
espantaría los fantasmas.

El hombre amenazado piensa que tal vez pensar sea el
   problema,
pensar mal o simplemente pensar.

El hombre amenazado por mil peligros imaginarios
sabe en cualquier caso que no está solo:
recorre patinando las calles de los grandes centros comerciales
y se reconforta al ver las caras asustadas de la gente.

Y luego estaban las antenas dirigidas al suelo,
la estación espacial flotando perdida
y las briznas de hierba atrapadas en tu jersey.

"Los misterios del campo magnético", dijiste
para que te escuchara.

A mí me gustabas mucho cuando hablabas por teléfono:
«tu voz por teléfono tiene siempre los labios pintados», te
    decía,
y tú entonces te callabas
y yo medía mi poder al peso
de tu respiración
al otro lado.

Luego la sangre se espesaba
y tus labios violáceos llegaban tarde,
cuando la imaginación tornaba a su cueva.

Era el tiempo de las últimas cartas postales
y de los teléfonos fijos,
y, sin embargo, los cuerpos ya gravitaban
con su olor avinagrado
y su avispero de placeres y culpas.

La edad acomoda los impulsos
a las posibilidades tecnológicas,
pero tú y yo seguimos siendo astronautas torpes,
incapaces de quitarnos el traje.

Mejor así.

HERENCIA

a Lucas Moreno

Quizás encuentres una vida
sin el frenesí de los días que no acaban.

Una vida en un mundo mejor,
en el que las cosas tienen su momento
y las horas no son intercambiables.

Iván Illich predicaba un progreso en bicicleta
justo antes de morir atropellado.
«Es tarde —decían entonces—
para andarse con pedales
pudiendo volar en un Concorde».

La soberbia no les dejaba pensar
que fuera pronto.

Sólo los astronautas entienden
la verdad de andar descalzos por la tierra.

La pantalla quiso ser ventana,
jugó a ser espejo

y acabó siendo escaparate,
dirán arqueólogos futuros
en sus publicaciones de papel.

Como aquella civilización
que sólo usaba la rueda para armar juguetes.

Cuando veas la flecha suspendida en el aire
no temas dejarla caer
y aprende a silbar de oído.

Llevo en secreto mi miedo a las alturas.

Hay una cabaña en el bosque,
allí abajo,
entre chopos amarillos
y rumor de agua que corre.
De cuando en cuando llega el ruido de algún coche
porque la puerta está abierta
y nadie quiere cerrarla.

Cada cosa de este mundo está unida
por un hilo invisible al centro de la tierra
(la gravedad, sí, es una de las manifestaciones del fenómeno);
los hombres, seres humanos les dicen ahora,
no escapan a esta ley,
aunque lo intentan:

La ciudad en altura,
la civilización,
es la suma de estos intentos,
y el vértigo,
un recuerdo que nos llama desde abajo,
con la promesa de un fuego encendido
en la cabaña al fondo del abismo.

LA CAZA

Los pájaros se acercan a ti,
picotean a tu alrededor como si fueras parte del paisaje,
dan pequeños saltos,
revolotean,
pían sin esperar respuesta.

Yo he sido pájaro y también paisaje,
yo conozco el interior de la gruta
donde van a beber las fieras,
mía es la navaja que cortó el sedal.

Ahora el sueño está cerca,
sólo hay que dejarse cazar
y esperar a que se haga de día.

Esta línea infinita
que se acaba enseguida
la he pintado yo.

A CHRISTY CANYON EN SU 53 CUMPLEAÑOS

Me he masturbado tantas veces
viéndote hacer el amor con otros hombres
que creo conocerte bien.

Ya no recuerdo si fuiste tú
la primera vez en aquel descampado,
entre neumáticos reventados,
cristales de botellas rotas
y una lavadora
sin puerta ni tambor.

Ahora pienso que ya estabas allí,
sonriendo con tus tetas grandes
y tu pelo cardado,
en aquella revista manoseada
que trajo algún amigo.

Amigo es aquel que comparte sus tesoros
y tú eras un tesoro feliz,
abierta a intimar conmigo
sin dejar de abrir las piernas a los demás,
siempre un poco más apresurados que yo

que me recreaba leyendo los pies de foto,
las breves entradillas que situaban el relato
en un taller de reparación de motos,
en una clase con pizarra
o en el despacho de un detective privado.

Me gusta pensar que eras tú,
una veinteañera iniciando
a un niño enamoradizo de doce años,
tres décadas atrás.

Hoy,
en el bazar de mis pantallas,
me miras como entonces
rompiendo con picardía el escaparate
y metiéndote en mi cama,
con tu acento de Pasadena,
tu padre armenio y tu madre italiana.

Supe de tus dos matrimonios fallidos
y del éxito del tercero con un hombre llamado Grant,
amigo desde el colegio.
No era yo el único que te esperaba
apoyado en el manillar de mi bicicleta.

Ahora eres locutora en una radio online donde entrevistas a
  estrellas
que nunca brillarán como brillaste tú,
han aprendido nuevos trucos
pero olvidaron que la magia está en la mirada.

Te has planchado el pelo y hasta escribiste tu propia biografía.
Todavía sonríes como hace treinta años.
Tendrás una vida larga
y podremos seguir envejeciendo juntos.

Yo descuidé las frutas del árbol
la noche en que la iguana dibujó su perfil contra el cielo.

Sonaba una orquesta al fondo
y un payaso borracho tocaba su ukelele avanzando entre las
    mesas.

En cada paso las aguas se abismaban buscando el sumidero,
la espiral desportillada del urinario universal.

Tú hablabas de un hospital de cometas,
de un balancín quejoso en el jardín de un palacio en Corfú.
Las muñecas se mecían desafinando canciones de madrastras
que flotaban en el aire antes de morir.

Hablabas del amor como un martirio chino
y yo te quería con la pasión que aplica el taxidermista
a su mejor pieza.

Sigue el rastro de las balas perdidas,
el punto exacto en que la ley las hace pisar el suelo.

Y recuerda el viento en la cara.

HASTA ENTONCES

Volveremos a celebrar en otoño
la llegada del verano,
la transpiración de los cuerpos,
el olor a espliego de tu sudor,
el pájaro que trina tu nombre
y asoma por el otero.

Volveremos a subir las escaleras
agarrados de la mano
como niños que escapan
de la vista de sus mayores.

Madrid ya no es ciudad de descampados,
pero hay sitios donde sucede lo improbable.

Somos dos desconocidos estimulados
por un empatógeno de curso ilegal.
Este amor es fruto de la química exógena
y de un aburrimiento anterior que nos empuja.

Aun así:
pasará el verano y volveremos a celebrar una fiesta.

Los pájaros tardarán en anunciar la aurora
y la última canción durará tres horas y media
en la oscuridad cegadora de la pista.

PINTADAS CONTRA LA PARED

Más vale vivir del aire que morir de asco.

*

Los teléfonos comunican.

*

La nostalgia del descampado
no te deja ver el huerto urbano.

*

El ser humano es bueno, la que es mala es la gente.

*

Vivo en la rama más alta de un árbol caído.

*

Nunca es tarde si la bicha es buena.

*

«Lo prometido es duda», dijo él.
«La deuda ofende», dijo ella.

*

Más vale prevenir que currar.

*

Este verso está escrito en prosa.

*

Almas en pene: ¡qué pena más glande!

*

La noche infinita tiene los días contados.

*

Muerto el verbo se acabó la labia.

*

La revolución individual es tan difícil como la colectiva,
pero hace falta menos gente.

*

No tener donde caerse muerto es un seguro de vida.

ILUMINACIÓN SOLAR

Las vías hacia la iluminación no están marcadas:
instalar placas de energía solar
en esta casa del Amazonas ecuatoriano
junto al río Napo
puede ser una.

Una muy directa.
Aquí sólo se llega en canoa
desde Punta Ahuano
y hay, si contamos los dos tramos de escaleras
hasta llegar a la cabaña más grande
en cuyo tejado se pondrían las placas,
188 escalones.

Sería exagerada la comparación
con la construcción de las pirámides de Egipto,
digamos con elegancia que se trata
de una aventura iniciática más trabajosa
que montar una cómoda de Ikea
llena de cajones.

Acortemos este poema pensando que hay dinero
para pagar a los técnicos y a los transportistas.

Ahorrémonos las idas y venidas,
escaleras arriba, escaleras abajo,
río arriba, río abajo,
taxi a Tena, taxi exprés a Quito,
idas y vueltas
en busca de esa tuerca que falta
y que al final hubo que importar desde Alemania.

Visualicemos a vista de dron
entre todos los matices del verde
los espejos reflectantes de los paneles fotovoltaicos
montados sobre la chapa roja del tejado.

Sintamos el confort de la bombilla que se enciende
sin el contaminante generador de gasoil.

Disfrutemos del agua caliente cayendo a chorros
sobre nuestro cuerpo fatigado
y concentrémonos a continuación
en el momento que falla por primera vez.

«Ha sido la bobina de contacto»
o «la humedad que pudre las zapatas de los empalmes»,
«una tontería», dirá el técnico venido desde Quito
tres semanas después del estropicio.

Para vivir aquí un occidental necesita
grandes dosis de paciencia, constancia
y una cierta confianza en el azar,
la confianza inquebrantable de que las cosas van a salir bien.

Somos gente insistente
y olvidamos rápido las tres semanas de espera
con un par de gozosos baños de agua ardiendo.

Ha llegado la estación de lluvias,
pero los días se hacen menos largos con una televisión
y la posibilidad de leer a deshora.
Y qué buen invento el microondas para calentar la leche.

La crecida de los ríos hará que la segunda
y tercera vez que falle el sistema
el técnico tarde cuatro semanas en aparecer.
«Es el precio del progreso»,
dirá pasando una factura elevadísima por «otra tontería».

En menos de medio año hemos aprendido
a cambiar las zapatas,
limpiar con aceite las bobinas de contacto,
pintar con brea cada mes las mangueras
para que los pájaros no las picoteen.

Hemos aprendido a lidiar con la nostalgia
de las duchas de agua fría
y de los tiempos pasados a la luz de las velas y las linternas.

Pero la gran enseñanza llega tras la sexta reparación.

Después de un año de disfrute intermitente de la energía solar,
reparada por el técnico y en perfecto estado de funcionamiento,
decidimos ir a dormir cuando oscurece,
regalar la televisión al vecino que cultiva piñas
y aceptar que en el paraíso no hay agua caliente.

Sólo una vez a la semana encendemos el generador de gasoil
para poder lavar a máquina la ropa sucia.

Cuando los visitantes asciendan al mirador
y pregunten por la falta de electricidad,
señalando el brillo deslumbrante sobre el rojo del tejado
y el verde de la selva,
les diremos que esas hermosas placas solares en desuso
cumplieron de sobra con la función de iluminarnos.

Construir un hombre
es quitar los ladrillos
que sostienen su mentira.

Que el viento barra la arena a sus pies
y pula el canto de sus ruinas.

Que en la superficie despejada
se levanten cabañas
que no sobrevivan al invierno.

Que un pájaro anide en el hueco.

ÍNDICE

Esta primera edición de

EL HOMBRE EQUIVOCADO EN EL MOMENTO OPORTUNO

de Fidel Moreno

se terminó de imprimir

el día 27 de octubre de 2025

Diseño gráfico: PRE-TEXTOS (S.G.E.)
Primera edición: noviembre de 2025

© Fidel Moreno, 2025
© de la presente edición:
PRE-TEXTOS, 2025
Luis Santángel, 10
46005 Valencia
www.pre-textos.com

IMPRESO EN ESPAÑA / PRINTED IN SPAIN
ISBN: 978-84-10309-86-9 - DEPÓSITO LEGAL: V-3903-2025

Impreso en Safekat S.L.